塩分1食2g以下なのに

コク旨!
「減塩」レシピ

村上祥子

コク旨カレーも
塩分1.1g

1食カロリー
476Kcal

CONTENTS

1食の塩分2g以下なのに、味が濃い！
村上流 減塩調理テク ……… 4
- にんじんご飯レシピ／切り昆布ご飯レシピ … 5

満足テク1・旨み 万能一番だし ……… 6
- だしをとった後の「かつおぶし」「昆布」活用法 … 6

満足テク2・甘味 にんたまジャム ……… 7

作り置き 加熱野菜＆果物
- ミックス根菜煮 ……… 8
- レンジにんじん／レンジごぼう／レンジじゃがいも ……… 9
- レンジ大根／レンジフルーツジャム ……… 10
- 主食のカロリー・塩分一覧 ……… 10

朝・昼・晩いつ食べてもOK！
1食の塩分2g以下 30日献立

1 レンジ肉じゃが＋はちみつトマト
カロリー 309kcal 塩分 1.2g ……… 12

2 チキンカレー＋ピリ辛たたききゅうり
カロリー 345kcal 塩分 2.0g ……… 14

3 ポークジャムソテー＋ほうれん草の中華あえ
カロリー 254kcal 塩分 1.2g ……… 16

4 ハンバーグと焼き野菜
カロリー 300kcal 塩分 1.2g ……… 18

5 筑前煮
カロリー 305kcal 塩分 1.3g ……… 20

6 かにかまの卵焼き＋キャベツのおひたし
カロリー 302kcal 塩分 1.3g ……… 22

7 豚肉の回鍋肉＋ブロッコリーのバター炒め
カロリー 272kcal 塩分 0.9g ……… 24

8 五宝菜
カロリー 234kcal 塩分 1.2g ……… 26

9 さけのしぎ焼き＆野菜炒め
カロリー 318kcal 塩分 1.0g ……… 28

10 いわしとごぼうのさっぱり煮＋水菜のおひたし
カロリー 319kcal 塩分 1.2g ……… 30

11 ぶりの照り焼き＋なすのしぎ焼き
カロリー 309kcal 塩分 1.0g ……… 32

12 さばのムニエル＋ピーマンのソテー
カロリー 307kcal 塩分 1.2g ……… 34

13 和風麻婆豆腐
カロリー 286kcal 塩分 1.2g ……… 36

14 豚肉のゴーヤチャンプルー
カロリー 290kcal 塩分 1.5g ……… 38

15 たっぷりきのこの豆腐ステーキ
カロリー 285kcal 塩分 1.5g ……… 40

16 すき焼き
カロリー 339kcal 塩分 2.0g ……… 42

17 お好み焼き
カロリー 439kcal 塩分 1.5g ……… 44

18 にら玉＋もやしのごまあえ
カロリー 307kcal 塩分 0.9g ……… 46

19 豚肉のしいたけロール・さやいんげんのソテー添え＋きゅうりの辛子マヨネーズサラダ
カロリー 308kcal 塩分 1.3g ……… 48

20 さけのチリソース＋オクラの中国風ソテー
カロリー 311kcal 塩分 1.2g ……… 50

21 さわらとキャベツのソテー＋ポテトサラダ
カロリー 307kcal 塩分 1.0g ……… 52

22 ゆで豚・生野菜添え
カロリー 328kcal 塩分 1.0g ……… 54

23 ぶりのおろし煮＋大根の皮のサラダ
カロリー 287kcal 塩分 1.2g ……… 56

24 和風ステーキ＋にらとピーマンのソテー
カロリー 307kcal 塩分 1.0g ……… 58

25 チキンナゲット＋焼き大根
カロリー 214kcal 塩分 0.6g ……… 60

26 カジキのムニエル＋ゴーヤのみそ炒め
カロリー 273kcal 塩分 1.0g ……… 62

27 鶏むね肉のレモンペッパー焼き＋ベイクドポテト
カロリー 314kcal 塩分 0.7g ……… 64

28 タラのさつま揚げ＋小松菜とみつばのおひたし
カロリー 272kcal 塩分 1.2g ……… 66

29 ポーチドエッグ＋かぶのサラダ
カロリー 149kcal 塩分 0.7g ……… 68

30 豚肉の洋風照り焼き＋キャベツとピーマン炒め
カロリー 283kcal 塩分 1.3g ……… 70

献立にプラスしても１食の塩分2g以下
旨みが濃い！減塩汁レシピ

●豆腐とわかめのみそ汁……… 72
　カロリー 34kcal 塩分 0.7g

●春雨スープ……… 72
　カロリー 90kcal 塩分 0.7g

●根菜とアスパラのスープ……… 72
　カロリー 44kcal 塩分 0.3g

●ブロッコリーのみそ汁……… 73
　カロリー 42kcal 塩分 0.7g

●大根とにんじんのみそ汁……… 73
　カロリー 37kcal 塩分 0.7g

●なすと油揚げのおすまし……… 73
　カロリー 64kcal 塩分 0.5g

●潮汁……… 74
　カロリー 22kcal 塩分 0.8g

●えのきと万能ねぎのみそ汁……… 74
　カロリー 35kcal 塩分 0.7g

●さやいんげんと玉ねぎのスープ……… 74
　カロリー 37kcal 塩分 0.7g

●根菜ミックスのみそ汁……… 75
　カロリー 57kcal 塩分 0.4g

●焼きトマトスープ……… 75
　カロリー 58kcal 塩分 0.5g

●きゅうりのスープ……… 75
　カロリー 63kcal 塩分 0.3g

●豆腐とのりのスープ……… 76
　カロリー 59kcal 塩分 0.4g

●トマトと万能ねぎのスープ……… 76
　カロリー 37kcal 塩分 1.1g

●キャベツとにらのみそ汁……… 76
　カロリー 32kcal 塩分 0.7g

●しいたけとほうれん草のみそ汁……… 77
　カロリー 30kcal 塩分 0.7g

●エリンギのみそ汁……… 77
　カロリー 44kcal 塩分 0.7g

●豆乳みそ汁……… 77
　カロリー 64kcal 塩分 0.6g

●とろろ汁……… 78
　カロリー 42kcal 塩分 1.0g

●かきたま汁……… 78
　カロリー 107kcal 塩分 1.3g

●けんちん汁……… 78
　カロリー 71kcal 塩分 0.6g

●もやしと万能ねぎのすまし汁……… 79
　カロリー 21kcal 塩分 1.0g

●豚汁……… 79
　カロリー 74kcal 塩分 0.7g

●じゃがいもとにんじんのみそ汁……… 79
　カロリー 65kcal 塩分 0.7g

1食の塩分 2g以下なのに、味が濃い！村上流 減塩調理テク

1 小さじ1/50（0.1㎖）計量スプーンを用意

人によって、「塩少々」など、少々の感覚は異なります。小さじ1/50（0.1㎖）まではかれる計量スプーンをまずは用意しましょう。『かるしおスプーン3本セット』やステンレス素材のスプーンなど様々市販されていますので、お好みでご用意ください。

0.1㎖計量スプーン

2 電子レンジで味を濃縮！

食材の水分を利用する電子レンジ調理は、素材本来の味を凝縮し、濃厚にしてくれます。

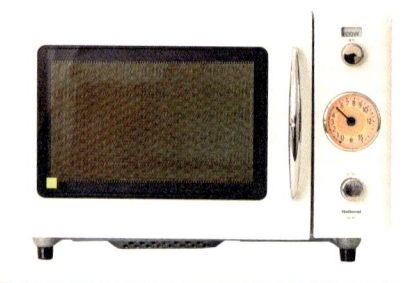

3 人間の舌が大好きな「甘み」「塩味」「旨み」を満足させる

甘み
電子レンジでフルーツを濃縮した**「フルーツジャム」**や、にんにく＋たまねぎエキスを濃縮した**「にんたまジャム」**は炒め物や汁物などに、コクと甘みをプラスして、熟成した味わいに仕上げます。

塩味
塩味にあたる調味料類は、鍋肌にざっと流し込まず、食材1つ1つに丁寧にかけること。調味料を逃さないことが濃い味に！

旨み
昆布とかつおぶしからとった一番だしがあれば、十分に味わい深く、塩が普通に入っているかのような、満足な味わいになります。

便利！市販の**無塩だし**

本書で使った市販だし

京都おだしの「うね乃（株）」
☎0120-821-218
http://www.odashi.com

全量カロリー **1746kcal**　塩分 **0.2g**　1食（90g）あたり159kcal、塩分0.0g

市販だしの袋をやぶって入れるだけ
にんじんご飯

【材料】出来上がり994g

米…3合

A
- 水…3の目盛りまで
- 黄じんだしパック…1個（7g）
- EX.オリーブ油…大さじ1
- にんじん…30g → みじん切り

【作り方】米は洗ってざるへ上げ、炊飯器の内釜にセットし、Aを加えて混ぜて炊く。1食ずつ（90g）に分けて冷凍保存する。

全量カロリー **1604kcal**　塩分 **0.2g**　1食（90g）あたり152kcal、塩分0.0g

市販だしパックと切り昆布を入れて
切り昆布ご飯

【材料】出来上がり947g

米…3合

A
- 水…3の目盛りまで
- 切り昆布…大さじ1（2g）
- 赤じんだしパック…2個（14g）

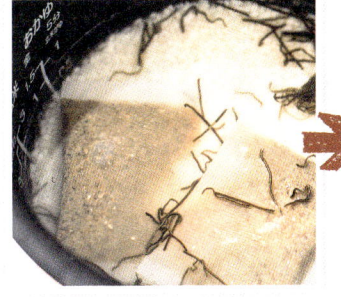

【作り方】米は洗ってざるへ上げ、炊飯器の内釜にセットする。Aを入れて混ぜ、上にだしパックを置いて炊く。1食ずつ（90g）に分けて冷凍保存する。

「酸味」「香味」「スパイス」

薬味

柑橘類（かんきつるい）や酢などの酸味、わさび、しょうが、大葉、ハーブなどの香味野菜や薬味類、こしょうなどの辛味も、**塩味が少ないもの足りなさを舌に感じさせない重要アイテム！**

旨みだし

満足テク 1 旨み

「昆布」と「削りかつお」の一番だしで、旨みを凝縮

万能一番だし

7分でできる!

【材料】4人分（出来上がり約600㎖）
水…700㎖
昆布（5×5㎝のもの）…3枚（9g）
削りかつお…小3パック（9g）

【作り方】

1 昆布と削りがつおを入れる

「だしポット（こし器をセット）」または耐熱ボウルに水を入れ、昆布と削りがつおを加える。

2 電子レンジで加熱

ふたはしないで電子レンジ600Wで7分加熱。

3 一番だしは、120㎖で0.1gの塩分

冷蔵保存で4〜5日。

※海の素材由来の一番だしは、1椀120〜150㎖の使用で、0.1gの塩分を摂取。

だしをとった後の活用法

かつおぶし

加熱して、指でもむと粉がつおに。ご飯に混ぜたり、あえ物に使うと無駄がありません。

昆布

刻んで煮物に加え、二番だし代わりに使うとよいでしょう。

『iwaki 村上祥子のだしポット』 ☎03-5627-3870（受付時間：月〜金9：00〜17：00祝祭日は除く）

にんたまジャム

満足テク 2　甘み

1日2さじ食べるだけで、血液サラサラ、免疫力アップ、血糖値改善など効果大

30分でできる！

1日の最少摂取量の目安

ティースプーンこんもり1杯＝大さじ1（18g）で13kcal

保存法

- 熱いうちに完全に乾燥しているビンに移し、ふたをする。
- 冷蔵で1カ月保存可。冷凍で2カ月保存可。
- 3〜4日であれば、小瓶に移して常温携帯可。
- このジャムは糖度が低いので、常温で長期保存するときは、加熱殺菌を。

〈加熱殺菌法〉瓶にふたを軽くかぶせて鍋に並べ、瓶の2/3の高さまで水を注ぎ、火にかける。煮立ってきたら中火で20分加熱。取り出してふたをきつく閉める。半年間保存できる。

【材料】出来上がり460g（大さじ25）

- たまねぎ…500g（正味）
- にんにく…100g（正味）
- 水…100mℓ
- パルスイート（カロリー90％カット）…20g
- （砂糖の場合は60g）
- レモン汁…大さじ2（30g）

【作り方】

1 皮をむく

たまねぎは皮をむき、上側と根を切り落とし、縦4等分に切る。にんにくも皮をむく。

2 電子レンジで加熱

耐熱ボウルににんにくを入れ、たまねぎをのせて水を注ぐ。両端を少しあけてラップをし、電子レンジ600Wで14分加熱する。

3 ミキサーでなめらかに

粗熱がとれたら汁も一緒にミキサーに移し入れ、パルスイート、レモン汁を加え、なめらかになるまで回す。

4 再び電子レンジ加熱

耐熱ボウルに移し、ラップをせずに電子レンジ600Wで8分加熱する。

作り置き

毎日の調理に役立つ 加熱野菜&果物

食物繊維が豊富な根菜や果物を加熱ストックしておけば、すぐに毎日の低塩料理に使えて便利!

ミックス根菜煮 <鍋で作る>

全量カロリー **562kcal** 　塩分 **0.3g**

【材料】作りやすい分量（出来上がり1000g）

A ┬ 油揚げ…1枚（40g）
　├ 大根…250g ┐
　├ れんこん…120g ├→ 皮をむき1.5cm角に切る
　├ にんじん…150g ┘
　├ ごぼう…100g → 皮をこそげて1.5cm角に切り、水に10分さらし、ざるに上げる
　├ 里いも…小6個（250g）→ 皮をむき2cm角に切る
　└ こんにゃく（アクなし）…100g → 1.5cm角に切る

干ししいたけ…小4枚
　ぬるま湯…100ml　砂糖…小さじ½

〈だし〉400ml
　水…450ml
　昆布（5×5cmのもの）…1枚（4g）
　削りがつお…小1パック（2.5g）

【作り方】

1 昆布とかつおでだしをとる

耐熱ボウルに水を注ぎ、昆布と削りかつおを入れ、電子レンジ600Wで4分加熱し、こす。だしをとった昆布は1.5cm角に切る。

2 干ししいたけをもどす

干ししいたけは砂糖を入れたぬるま湯でもどし、石づきをとり、1枚を十字に4つに切る。

3 根菜煮を作る

鍋にA、1の昆布とだし（2カップ）、2のしいたけともどし汁を入れ、強火にかける。煮立ったらアクをすくい、落としぶたをのせ、ふたはせずに強火で汁けが半量になるまで煮て、火を止める。

〈圧力鍋で作る場合〉
だしを200mlにする。その他の材料は変更なし。圧力鍋に入れて火にかけ、圧がかかったら弱火で1分加熱して火を止める。

市販のだし活用！ 
作り方1を省き、水450mlに『赤じんだしパック』1袋（7g）を入れてもOKです。

レンジにんじん

全量カロリー **100kcal** 　塩分 **0g**

【材料】出来上がり240g

にんじん…2本（300g）→ 皮をむいて乱切り

【作り方】

耐熱ボウルににんじんを入れ、水大さじ2（分量外）を加え、ふんわりとラップをする。電子レンジ600Wで6分加熱する。
ふたつき容器に移して冷まし、冷蔵する。

活用例
- レンジ大根とにんじんのみそ汁
- にんじんサラダ

レンジごぼう

全量カロリー **88kcal** 　塩分 **0g**

【材料】出来上がり110g

ごぼう…1本（150g）→ 皮をこそげて洗い、4cm長さに切る。太いごぼうは縦二つ割りにする。

【作り方】

水に10分浸してアクを抜き、ざるへ上げる。耐熱ボウルに入れ、水大さじ2（分量外）を加え、ふんわりとラップをする。電子レンジ600Wで4分加熱する。ふたつき容器に移して冷まし、冷蔵する。

活用例
- 調味料を加えてやわらか旨煮
- ごぼうの酢みそかけ

レンジじゃがいも

全量カロリー **205kcal** 　塩分 **0g**

【材料】出来上がり240g

じゃがいも…2個（300g）

【作り方】

じゃがいもは皮つきのままポリ袋に入れ、耐熱容器にのせ、電子レンジ600Wで6分加熱する。ふたつき容器に移して冷まし、冷蔵する。

活用例
- 切り分けてローストポテト
- じゃがいものみそ汁

レンジ大根

【材料】 出来上がり350g

大根…½本（500g）→ 皮をむいて乱切り

【作り方】

耐熱ボウルに大根を入れ、ふんわりとラップをする。電子レンジ600Wで10分加熱する。ふたつき容器に移して冷まし、冷蔵する。

活用例
- 焼き大根
- さばのみそ煮に添える

全量カロリー **81kcal**　塩分 **0g**

料理にコクをプラスする

レンジフルーツジャム

【材料】 出来上がり300g

なし…½個（100g）　　りんご…½個（95g）
オレンジ…½個（65g）　キウイ…½個（40g）

A ┌ 砂糖…150g
　 └ レモン汁…大さじ3

【作り方】

果物はそれぞれ1cm角切りにし、耐熱ボウルに入れ、Aを加える。ラップをして電子レンジ600Wで6分加熱する。ラップを取り、さらに6分加熱する。

カロリー **51kcal**　塩分 **0g**
大さじ1（20g）分

主食のカロリー・塩分一覧

1食500kcalに仕上げるために、主食はご飯90g（151kcal、塩分0g）が本書の基本。

主食の基本。 まずはきっちりはかって1食90g食べる習慣を。
- 白ご飯　90g（151kcal、塩分0g）

白米と比べてビタミンEやビタミンB₁が豊富。玄米よりも食べやすい。
- 胚芽精米ご飯　90g（150kcal、塩分0g）

栄養価が高い。よくかむことでおいしく、満腹感が得られます。
- 発芽玄米ご飯　90g（149kcal、塩分0g）

- おかゆ　210g（ご飯90g＋水120mℓ）（151kcal、塩分0g）

白米150gに、下記大さじ2（25g）の変わり米と水大さじ3（45mℓ）を加えて炊いたもの
- 麦ご飯　90g（151kcal、塩分0g）
- 五穀米ご飯　90g（149kcal、塩分0g）
- 十六穀米ご飯　90g（152kcal、塩分0g）
- 黒米ご飯　90g（152kcal、塩分0g）
- にんじんご飯　90g（159kcal、塩分0g）
- 切り昆布ご飯　90g（152kcal、塩分0g）

1食の塩分2g以下！
30日献立

朝・昼・晩 いつ食べても OK！

塩分 **0.0g**

塩分 **0.7g**

塩分 **0.3g**

塩分 **0.7g**

〈塩の計量について〉
塩0.1g＝0.1mlの計量スプーンに1杯

〈塩・しょうゆ・みそについて〉
本書の塩は精製塩を使っています。1食分の塩分2gは小さじ1/3にあたります。しょうゆ小さじ1は6gで塩分0.9g、みそ（こしみそ）小さじ1は6gで塩分約0.6〜0.7gです。減塩塩、減塩みそ、減塩しょうゆは使っていません。

電子レンジだけで

1 レンジ肉じゃが＋はちみつトマト

主菜＋副菜
カロリー **309 kcal**　塩分 **1.2g**

【材料】1人分

主菜
- 牛もも薄切り肉…50g ➡ 4cm角に切る
- じゃがいも…1個（150g）➡ 乱切り
- しらたき…50g ➡ 5cm長さに切る
- A ┃ しょうゆ…小さじ2
    ┃ 砂糖…小さじ2
    ┃ 酒…小さじ2

副菜
- トマト…中1個（100g）➡ 乱切り
- はちみつ…小さじ1

【作り方】

1 耐熱ボウルに野菜と牛肉を入れる

牛肉はAを合わせてからめる。耐熱ボウルにじゃがいも、しらたきを入れ、上にAをからめた牛肉をドーナツ状にのせる。

2 電子レンジで加熱

両端を少しあけてラップをし、電子レンジ600Wで6分加熱する。じゃがいもが十分にやわらかくなったら取り出し、全体を上下に返すように混ぜる。

3 トマトにはちみつをかける

トマトを器に盛り、はちみつをかける。

献立例
- レンジ肉じゃが／276kcal、塩分1.2g
- はちみつトマト／33kcal、塩分0g
- 豆腐とわかめのみそ汁(P.72)／34kcal、塩分0.7g
- ✚ 五穀米ご飯(90g)／151kcal、塩分0g

総カロリー 492kcal
総塩分 1.9g

電子レンジだけで
2 チキンカレー＋ピリ辛たたききゅうり

主菜＋副菜
カロリー 345 kcal
塩分 2.0 g

【材料】1人分

主菜
- 鶏もも肉…50g → 一口大に切る
- たまねぎ…¼個（50g）→ 1.5cm四方に切る
- じゃがいも…¼個（50g）
- にんじん…2cm（20g） → 1cm角に切る
- 強力粉…大さじ1（9g）
- バター（無塩）…大さじ1（12g）
- A
  - カレー粉…小さじ2
  - ラー油…小さじ½
  - 塩…1.2g（小さじ⅕）
- 万能一番だし（P.6）…120mℓ

副菜
- きゅうり…1本（100g）→ 両端を切って半分に切る
- しょうゆ…3g（小さじ½）
- ラー油…4～5滴

【作り方】

1 減塩ルーを作る

耐熱ボウルに強力粉とバターを入れ、電子レンジ600Wで1分加熱し、Aを加えて混ぜ、だしを注いで溶きのばし、肉、野菜を加える。

2 電子レンジで加熱する

両端を少しあけてラップをし、電子レンジ600Wで8分加熱し、器にご飯を盛る。

3 ピリ辛たたききゅうりを作る

きゅうりをポリ袋に入れ、袋の外から包丁の背やすりこ木などでたたいて砕く。しょうゆ、ラー油を加え、袋の外から軽くもみ、器にあける。

献立例
- チキンカレー／325kcal、塩分1.1g
- ピリ辛たたききゅうり／20kcal、塩分0.9g
- 麦ご飯(90g)／151kcal、塩分0g

総カロリー **496 kcal**　総塩分 **2.0g**

フライパンだけで

3 ポークジャムソテー＋ほうれん草の中華あえ

主菜＋副菜
カロリー **254** kcal
塩分 **1.2** g

【材料】1人分

主菜
- 豚ロース薄切り肉（しょうが焼き用）…100g → 5cm長さに切る
- たまねぎ…¼個（50g）→ くし形切り
- サラダ油…小さじ1
- A
  - ミックスジャム…大さじ1（22g）
  - しょうゆ…小さじ1
  - 砂糖…小さじ1
  - 酒…小さじ1

副菜
- ほうれん草…⅓ワ（100g）→ 3cm長さに切る
- 水…大さじ2
- B
  - ごま油…小さじ½
  - 塩…0.2g（2本の指で1つまみ）
  - すりごま（白）、こしょう…各少々

【作り方】

1 豚肉とたまねぎをソテーする

フライパンにサラダ油を熱し、豚肉を並べ入れ、中火で2分焼く。肉の色が変わったら裏返す。空いたところにたまねぎを入れ、ふたをしてさらに2分焼く。

2 豚肉とたまねぎを取り出す

たまねぎがしんなりしたらAを加え、全体をざっと混ぜて味をからめる。ソースごと器に盛る。

3 ほうれん草の中華あえを作る

2のフライパンにほうれん草を加えて水を注ぎ、強火にかける。沸騰後ざるに上げ、Bであえる。

献立例
- ポークジャムソテー / 216kcal、塩分1.0g
- ほうれん草の中華あえ / 38kcal、塩分0.2g
- 春雨スープ (P.72) / 90kcal、塩分0.7g
- 十六穀ご飯 (90g) / 152kcal、塩分0g

総カロリー 496kcal
総塩分 1.9g

フライパンだけで

4 ハンバーグと焼き野菜

主菜＋副菜
カロリー **300** kcal
塩分 **1.2** g

【材料】1人分
合いびき肉…75g
たまねぎ…¼個（50g）→ みじん切り
A ┌ パン粉…大さじ2
　├ マヨネーズ…大さじ1
　├ 塩…0.2g（2本の指で1つまみ）
　└ こしょう…少々
サラダ油…小さじ½
じゃがいも…2個 ┐
にんじん…5個　 ┘ → 1cm幅の輪切り
B ┌ トマトケチャップ…小さじ1
　└ ウスターソース…小さじ1

\POINT!/ 肉の旨みを野菜に移す！

【作り方】

1 ハンバーグを作る

ボウルにひき肉、たまねぎ、Aを入れ、粘りが出るまで混ぜ、ハンバーグ形に整える。

2 肉、野菜同時調理

フライパンにサラダ油を熱し、1を並べ入れる。じゃがいも、にんじんも並べ、ふたをして中火で4分焼く。

3 裏返して弱火で加熱

焼き色がついたら肉も野菜も返し、ふたをして弱火で4分焼き、中まで火を通す。器にハンバーグと野菜を盛り、Bを合わせてかける。

献立例
- ハンバーグと焼き野菜／300kcal、塩分1.2g
- 根菜とアスパラのスープ(P.72)／44kcal、塩分0.3g
- ✚ 白ご飯(90g)／151kcal、塩分0g

総カロリー **495kcal**　総塩分 **1.5g**

電子レンジだけで

5 筑前煮

主菜
カロリー 305 kcal
塩分 1.3 g

【材料】1人分
鶏もも肉…75g → 6個に切る
こんにゃく（アクなし）…½枚（100g）
にんじん…小½本（50g）→ 小さめの乱切り
じゃがいも…1個（150g）→ 皮をむいて乱切り
A ┌ しょうゆ…小さじ2
　├ 砂糖…小さじ2
　└ 酒…小さじ2

【作り方】

1 こんにゃくを一口大にする

こんにゃくはスプーンで一口大にかき取る（アク抜きの必要があるときは下ゆです る）。

2 鶏肉に下味をつける

鶏肉にAをからませる。

3 電子レンジで加熱

耐熱ボウルに1、野菜を入れ、2をのせて汁をかけ、両端を少しあけてラップをして電子レンジ600Wで8分加熱し、器に盛る。

献立例
- 筑前煮／305kcal、塩分1.3g
- ブロッコリーのみそ汁（P.73）／42kcal、塩分0.7g
- ✚ 白ご飯（90g）／151kcal、塩分0g

総カロリー 498kcal　**総塩分** 2.0g

6 フライパンだけで かにかまの卵焼き＋キャベツのおひたし

主菜＋副菜
カロリー **302 kcal**
塩分 **1.3 g**

【材料】1人分

主菜 A
- 卵…2個 → 割りほぐす
- かに風味かまぼこ…1本 → 2cm幅の斜め切りにし、ほぐす
- 砂糖…小さじ½
- 塩…0.2g（2本の指で1つまみ）

サラダ油…小さじ1

副菜
- キャベツ…2枚（100g）→ 3cm角に切る
- 油揚げ…10g → 3cm長さの細切り
- 水…大さじ2

B
- 酢…小さじ2
- サラダ油…小さじ1
- しょうゆ…3g（小さじ½）

ご飯…90g
水…200ml

【作り方】

1 かにかまの塩味をいかす

ボウルに**A**を入れ箸で混ぜ合わせ、サラダ油を熱したフライパンに流し入れる。箸で大きくかき混ぜ、半熟状になったら端に寄せ、へらなどで裏返して焼き色をつける。取り出して食べやすい大きさに切り、器に盛る。

2 キャベツと油揚げに火を通す

卵焼きを取り出したフライパンにキャベツと油揚げを入れ、水を注ぎ、強火で火を通す。ざるへ上げ、**B**であえて器に盛る。

3 電子レンジでおかゆを作る

耐熱容器にご飯を入れ、水を注ぐ。ラップをして電子レンジ600Wで3分加熱する。ラップを取ってかき混ぜ、ラップなしで3分加熱する。

献立例
- かにかまの卵焼き／212kcal、塩分1.0g
- キャベツのおひたし／90kcal、塩分0.3g
- 大根とにんじんのみそ汁(P.73)／37kcal、塩分0.7g
- おかゆ／151kcal、塩分0g

総カロリー **490kcal** 　総塩分 **2.0g**

7 フライパンだけで 豚肉の回鍋肉(ホイコーロー)＋ブロッコリーのバター炒め

主菜＋副菜
カロリー 272 kcal
塩分 0.9 g

【材料】1人分

主菜：
- 豚ロース薄切り肉…65g → 3cm長さに切る
- 塩…0.2g（2本の指で1つまみ）
- こしょう…少々
- 赤唐辛子（輪切り）…4個
- キャベツ…50g → 葉は3cm角、芯は3mm幅の斜め薄切り
- サラダ油…小さじ2
- A「みそ…小さじ1½
-   「砂糖、酒…各小さじ1

副菜：
- ブロッコリー…85g → 小房に分け、軸は皮をむいて1cm角の拍子木切り
- 水…100ml
- バター（無塩）…小さじ2

【作り方】

1 豚肉と野菜を炒める

温めたフライパンに、サラダ油小さじ1とキャベツを入れ、ふたをして強火で1分火を通す。ふたをはずしてキャベツを取り出し、サラダ油小さじ1を足し、塩、こしょうをした豚肉と赤唐辛子を加え、強火で炒める。

2 キャベツを戻し入れ、調味

肉の色が変わったらキャベツを戻し入れ、Aを加えて炒め合わせ、器に盛る。

3 ブロッコリーを炒める

回鍋肉を取り出したフライパンにブロッコリーと水を入れて強火で2分ゆで、湯を捨てる。バターを加えてブロッコリーにからませ、塩、こしょうをふる。

献立例
- 豚肉の回鍋肉／204kcal、塩分0.9g
- ブロッコリーのバター炒め／68kcal、塩分0g
- なすと油揚げのおすまし(P.73)／64kcal、塩分0.5g
- にんじんご飯(90g)／159kcal、塩分0g

総カロリー	総塩分
495 kcal	1.4g

電子レンジだけで

8 五宝菜

主菜
カロリー 234 kcal
塩分 1.2g

【材料】1人分

主菜
- 豚こま切れ肉…90g ➡ 4cm長さに切る
- かたくり粉…小さじ1
- たまねぎ…50g ➡ くし形切り
- キャベツ…100g ➡ 一口大にちぎる
- 生しいたけ…1枚 ➡ 石づきを落として二つに切る
- にんじん…2cm分 ➡ 3mm幅の半月切り
- ピーマン…1個 ➡ 種を除き細切り
- A
  - しょうゆ…小さじ1
  - 塩…0.2g（2本の指で1つまみ）
  - こしょう…少々
  - ごま油、かたくり粉…各小さじ1
  - 万能一番だし（P.6）…大さじ2

汁
- ベーコン…1枚（15g）➡ 3cm幅に切る
- レンジごぼう（P.9）…30g
- 万能一番だし（P.6）…150ml
- B
  - にんたまジャム（P.7）…小さじ1
  - 塩…0.2g（2本の指で1つまみ）
  - こしょう…少々

【作り方】

1 ポリ袋でかたくり粉をまぶす

豚肉とかたくり粉をポリ袋に入れ、袋を少しふくらませて口を閉じ、全体にふってまぶす。

2 電子レンジで加熱

耐熱ボウルに野菜を入れ、1をのせる。ラップをして電子レンジ600Wで5分加熱する。取り出して、Aを混ぜてからまわしかけ、全体を混ぜて器に盛る。

3 『ごぼうとベーコンのスープ』を作る

耐熱ボウルにだし、B、レンジごぼう、ベーコンを入れ、ラップをして電子レンジ600Wで3分加熱する。

献立例
- 五宝菜／234kcal、塩分1.2g
- ごぼうとベーコンのスープ／108kcal、塩分0.7g
- 麦ご飯(90g)／151kcal、塩分0g
- ※麦ご飯を茶碗によそって、むらめをのせる

総カロリー	総塩分
493 kcal	1.9g

フライパンだけで
9 さけのしぎ焼き&野菜炒め

主菜 カロリー **318** kcal　塩分 **1.0** g

【材料】1人分

主菜
- 生ざけ…1切れ（100g）
- 小麦粉…小さじ½
- サラダ油…小さじ1
- A
  - みそ…小さじ½
  - 砂糖…小さじ1
  - 酒…小さじ1
  → 合わせておく
- もやし…100g
- ピーマン…1個（40g）→ 種を除き、1cm幅の輪切り

汁
- B
  - レンジじゃがいも（P.9）…30g → 一口大に切る
  - たまねぎ…15g → 1cm幅のくし切り
- 万能一番だし（P.6）…150ml
- 塩…0.2g（2本の指で1つまみ）
- こしょう…少々
- にんたまジャム（P.7）…小さじ1

【作り方】

1 さけ、野菜同時調理

ポリ袋に小麦粉、さけを入れ、口を閉じてふってまぶす。フライパンを温め、サラダ油を流し、さけを入れて中火で焼く。焼き色がついたら上下を返し、フライパンのあいたところにもやしとピーマンを加える。

2 さけと野菜を取り出す

ふたをして中火で4分焼いて、ふたを取り、もやしとピーマンを器に盛る。さけにAをかけ、強火にして汁をからませ、つやが出てきたら火を止め、野菜の器に盛る。

3 『じゃがいもと玉ねぎのスープ』を作る

2のフライパンにBを入れ、火にかける。煮たってきたら弱火で2〜3分煮て塩、こしょう、にんたまジャムで調味する。

献立例
- さけのしぎ焼き＆野菜炒め／318kcal、塩分1.0g
- じゃがいもと玉ねぎのスープ／30kcal、塩分0.5g
- ✚ 白ご飯(90g)／151kcal、塩分0g

総カロリー **499kcal**　総塩分 **1.5g**

電子レンジだけで
10 いわしとごぼうのさっぱり煮 ＋水菜のおひたし

主菜＋副菜
カロリー 319 kcal
塩分 1.2 g

【材料】1人分

主菜
- いわし（頭、内臓を除く）…1尾（正味100g）
  → ペーパータオルで水けをとり4等分に切る
- レンジごぼう（P.9）…50g
- A
  - 酒…小さじ1
  - しょうゆ…小さじ1
  - 砂糖…小さじ1

副菜
- 水菜…100g → 2cm長さに切る
- ごま油…小さじ½
- いりごま（白）…少々

【作り方】

1 レンジごぼうを活用

作り置きのレンジごぼうを使う。

2 いわしとごぼうをレンジ加熱

POINT! はじけ防止に身の表裏に切り目を入れる

耐熱ボウルにAを入れ、切り込みを入れたいわしを加えてからませ、1をのせる。両端を少しあけてラップをし、電子レンジ600Wで4分加熱し、器に盛る。

3 水菜のおひたしを作る

2のあいた耐熱ボウルに水菜を入れてラップをし、電子レンジ600Wで2分加熱。器に盛り、ごま油といりごまをふる。

献立例
- いわしとごぼうのさっぱり煮／277kcal、塩分0.9g
- 水菜のおひたし／42kcal、塩分0.3g
- 潮汁(P.74)／22kcal、塩分0.8g
- ✚ 発芽玄米ご飯(90g)／149kcal、塩分0g

総カロリー 490kcal　総塩分 2.0g

フライパンだけで

11 ぶりの照り焼き＋なすのしぎ焼き

主菜＋副菜
カロリー **309 kcal**
塩分 **1.0 g**

【材料】1人分
ぶり…1切れ（60g）
強力粉…小さじ½
サラダ油…大さじ1
A［しょうゆ…小さじ1
　砂糖…小さじ1
　酒…小さじ1］
なす…小2本（100g）→ へたを落とし、1cm幅の輪切り
B［みそ…小さじ½
　砂糖…小さじ1
　酒…小さじ1］
大根おろし…50g
すだち…½個

【作り方】

1 ポリ袋でぶりに強力粉をまぶす

ぶりはペーパータオル2枚にはさんで水けをおさえる。強力粉を入れたポリ袋に加え、口を閉じてふってまぶす。

2 中火で表、裏4分ずつ焼く

フライパンにサラダ油を入れて熱し、1となすを並べ入れ、ふたをして中火で4分焼き、返して4分焼く。なすは器に盛り、Bを合わせてかける。

3 残った油はふき取る

2のフライパンに残った油をペーパータオルでふき取り、Aを加える。スプーンでたれをすくってぶりにかけながらからめ、火を止める。器に盛り、大根おろしとすだちを添える。

献立例
- ぶりの照り焼き／264kcal、塩分0.7g
- なすのしぎ焼き／45kcal、塩分0.3g
- えのきと万能ねぎのみそ汁 (P.74)／35kcal、塩分0.7g
- 切り昆布ご飯 (90g)／152kcal、塩分0g

総カロリー **496kcal**　総塩分 **1.7g**

12 さばのムニエル ＋ ピーマンのソテー

フライパンだけで

主菜＋副菜
カロリー **307** kcal
塩分 **1.2** g

【材料】1人分

主菜
- さば（三枚おろしのもの）…1切れ（100g） →2つに切る
- 塩…0.6g（2本の指で3つまみ）
- こしょう…少々
- 強力粉…小さじ1
- サラダ油…小さじ1
- レモン（くし形切り）…少々

副菜
- パプリカ（赤・黄）…各30g →種を除き、1cm幅のくし形切り
- サラダ油…小さじ1
- 塩…0.2g（2本の指で1つまみ）
- こしょう…少々

【作り方】

1 さばの下ごしらえをする

さばはペーパータオル2枚にはさんで水分をおさえる。塩、こしょうをふり、強力粉を入れたポリ袋に加え、口を閉じてふってまぶす。フライパンにサラダ油を熱し、1の皮側を下にして置き、中火で4分焼く。

2 さばを焼く

さばの中央の血合い部分に血がにじんできたら裏返し、ふたをして弱火で4分焼く。器に盛り、レモンを添える。

3 フライパンを一度きれいに

ムニエルを取り出したフライパンに湯をかけて捨て、残っている油をペーパータオルでふき取る。サラダ油とピーマンを入れて強火で炒め、塩、こしょうで調味する。

献立例
- さばのムニエル／253kcal、塩分1.0g
- ピーマンのソテー／54kcal、塩分0.2g
- さやいんげんと玉ねぎのスープ(P.74)／37kcal、塩分0.7g
- ✚ 五穀米ご飯(90g)／149kcal、塩分0g

総カロリー 493kcal
総塩分 1.9g

電子レンジだけで

13 和風麻婆豆腐

主菜
カロリー 286 kcal
塩分 1.2 g

【材料】1人分
絹ごし豆腐…100g ➡ 1cm角に切る
小松菜…100g ➡ 1cm長さに切る
豚ひき肉…100g
A ┃ ごま油…小さじ¾（3g）
　┃ おろししょうが…少々
　┃ しょうゆ…小さじ2
　┃ 砂糖…小さじ2
　┃ 酒…小さじ2
　┃ 万能一番だし（P.6）…100㎖
　┃ かたくり粉…小さじ1

【作り方】

1 豆腐と小松菜を切る

豆腐は1cm角に切る。小松菜は1cm長さに切る。

2 ボウルに食材を合わせる

耐熱ボウルにAを合わせ、ひき肉を加え、泡立て器で突きくずしながら混ぜる。

3 電子レンジで加熱する

2のボウルに1をのせ、両端を少しあけてラップをし、電子レンジ600Wで10分加熱し、器に盛る。

献立例
- 和風麻婆豆腐／286kcal、塩分1.2g
- 根菜ミックスのみそ汁 (P.75)／57kcal、塩分0.4g
- ➕ 十六穀ご飯 (90g)／152kcal、塩分0g

総カロリー **495 kcal**　総塩分 **1.6g**

フライパンだけで

14 豚肉のゴーヤチャンプルー

主菜
カロリー 290 kcal
塩分 1.5g

【材料】1人分
- 豚ロース薄切り肉…60g ➡ 3cm長さに切る
- 塩…0.2g（2本の指で1つまみ）
- ゴーヤ…100g
- 木綿豆腐…100g ➡ 2cm角に切る
- ごま油…大さじ1
- しょうゆ…小さじ2
- こしょう…適量

【作り方】

1 豚肉に下味をつける

豚肉に塩、こしょうをふっておく。ゴーヤは縦二つ割りにし、種とわたを除き、薄切りにする。

2 フライパンで炒める

フライパンにごま油を熱し、豚肉を入れて炒め、火が通ったらゴーヤを加えて炒める。

3 調味する

豆腐を加えてつぶしながら炒め、しょうゆを混ぜ、火を止めてこしょうをふり、器に盛る。

献立例
- 豚肉のゴーヤチャンプルー／290kcal、塩分1.5g
- 焼きトマトスープ (P.75)／58kcal、塩分0.5g
- 麦ご飯 (90g)／151kcal、塩分0g

総カロリー 499kcal　総塩分 2.0g

フライパンだけで

15 たっぷりきのこの豆腐ステーキ

主菜
カロリー 285 kcal
塩分 1.5g

【材料】1人分
木綿豆腐…150g
強力粉…小さじ2
ごま油…大さじ1
しめじ…100g ➡ 石づきをとってほぐす
生しいたけ…60g ➡ 石づきをとって四つ切り
水…大さじ2
大根おろし…20g
万能ねぎ…少々 ➡ 小口切り
ポン酢しょうゆ（市販品）…大さじ1

【作り方】

1 豆腐の下ごしらえをする

豆腐はペーパータオルで水けをおさえ、強力粉をまぶす。

2 豆腐を焼いて取り出す

フライパンにごま油を熱し、豆腐を入れ、中火で裏表を4分ずつ焼く。両側は1分ずつ焼く。取り出して器に盛る。

3 きのこを炒める

2のフライパンにしめじとしいたけ、水を加えて炒め、火が通ったら豆腐の周りに盛る。大根おろしの水けを軽く絞って豆腐にのせ、万能ねぎを散らし、ポン酢しょうゆをかける。

献立例
- たっぷりきのこの豆腐ステーキ／285kcal、塩分1.5g
- きゅうりのスープ (P.75)／63kcal、塩分0.3g
- 黒米ご飯 (90g)／152kcal、塩分0g

総カロリー **500kcal**
総塩分 **1.8g**

フライパンだけで

16 すき焼き

主菜
カロリー 339 kcal
塩分 2.0 g

【材料】1人分
牛もも薄切り肉…100g ➡ 7～8cm長さに切る
木綿豆腐…50g ➡ 2つに切る
長ねぎ…½本 ➡ 1～2cm幅の斜め切り
春菊…100g ➡ 4cm長さに切る
しらたき（アクなし）…100g ➡ 4cm長さに切る
A ┃ しょうゆ…大さじ2 ½
　┃ 酒…大さじ1
　┃ 砂糖…大さじ1
　┃ 水…大さじ2
溶き卵…½個

【作り方】

1 牛肉を焼く

フライパンに A を入れ、牛肉を並べ入れ、強火にかける。肉の色が変わってきたら裏返す。

2 卵をつけて食べる

小鉢に卵を溶き、肉に火が通ったら溶き卵につけて食べる。

3 肉のうまみをいかす

残りの煮汁に野菜、豆腐、しらたきを加え、煮ながら食べる。

献立例
- すき焼き／339kcal、塩分2.0g
- 白ご飯(90g)／151kcal、塩分0g

総カロリー **490 kcal**　総塩分 **2.0g**

フライパンだけで
17 お好み焼き

主菜
カロリー **439** kcal
塩分 **1.5** g

【材料】1人分
豚ひき肉…50g
キャベツ…100g → 3cm長さのせん切り
薄力粉…50g
万能一番だし（P.6）…大さじ2
卵…1個
サラダ油…小さじ2
A ┌ みそ…小さじ½
  │ 砂糖…小さじ1
  └ しょうゆ…3g（小さじ½）

【作り方】

1 お好み焼き材料を混ぜる

ボウルに豚ひき肉、キャベツ、薄力粉、だしを入れて混ぜる。最後に卵を割り入れて全体に混ぜるときれいに混ざる。

2 フライパンで焼く

フライパンにサラダ油を熱し、1を丸く流し入れ、ふたをして中火で4分焼く。裏返してふたをし、同様に焼く。

3 ソースをかける

器に盛り、Aを合わせてかける。

献立例
- お好み焼き／439kcal、塩分1.5g
- 豆腐とのりのスープ(P.76)／59kcal、塩分0.4g

総カロリー **498** kcal
総塩分 **1.9** g

18 電子レンジだけで にら玉＋もやしのごまあえ

主菜＋副菜
カロリー 307 kcal
塩分 0.9 g

【材料】1人分

主菜
- 卵…2個 ➡ **割りほぐす**
- にら…50g ➡ **3cm長さに切る**
- 塩…0.6g（2本の指で3つまみ）
- こしょう…少々
- ごま油…大さじ1

副菜
- もやし…80g
- A
  - すりごま（白）…小さじ1
  - 砂糖…小さじ½
  - しょうゆ…3g（小さじ½）

【作り方】

1 にらと卵をボウルに入れる

耐熱ボウルに卵、にら、塩、こしょう、ごま油を加えて混ぜ、ふんわりと全体にラップをする。電子レンジ600Wで1分加熱する。

2 取り出して混ぜる

1を電子レンジから取り出して、ゴムべらでさっくりと混ぜ、ラップを全体にかけ、電子レンジ600Wで2分加熱して取り出す。

3 水けを切る

2のあいたボウルにもやしを入れ、ふんわりとラップをして電子レンジ600Wで1分加熱する。取り出してざるへ上げ、水けをきってボウルに戻し、2とAをあえ、器に盛る。

献立例
- にら玉／272kcal、塩分0.6g
- もやしのごまあえ／35kcal、塩分0.3g
- トマトと万能ねぎのスープ(P.76)／37kcal、塩分1.1g
- ✚ 切り昆布ご飯(90g)／152kcal、塩分0g

総カロリー **496 kcal**　総塩分 **2.0g**

電子レンジだけで

19 豚肉のしいたけロール・さやいんげんのソテー添え ＋ きゅうりの辛子マヨネーズサラダ

主菜＋副菜
カロリー **308 kcal**
塩分 **1.3 g**

【材料】1人分

主菜
- 豚もも薄切り肉…3枚（60g）
- 生しいたけ…3個（60g）→ 石づきを除いて2つに切る
- にんじん（薄切り）…6枚 → せん切り
- さやいんげん…80g
- 塩…0.2g（2本の指で1つまみ）
- こしょう…少々
- サラダ油…小さじ¼
- A
  - みそ…小さじ1
  - 砂糖…小さじ1
  - サラダ油…小さじ½

副菜
- きゅうり…1本（100g）→ 2mm幅の薄切り
- 塩…0.4g（2本の指で2つまみ）
- B
  - マヨネーズ…大さじ1
  - 練り辛子…小さじ¼

【作り方】

1 豚肉で野菜を巻く

豚肉を1枚ずつ広げ、生しいたけとにんじんを3等分してそれぞれのせ、くるくると巻く。

2 電子レンジで加熱する

耐熱ボウルにさやいんげんを入れ、塩、こしょうし、サラダ油をかけ、上に1をのせる。ふんわりと全体にラップをして電子レンジ600Wで4分加熱する。器に盛り、Aをかける。

3 ポリ袋できゅうりをもむ

ポリ袋にきゅうり、塩を入れ、袋の外からもんで、しんなりしたら袋の隅を切って水けを出す。ボウルに移し、Bであえる。

献立例
- 豚肉のしいたけロール・さやいんげんのソテー添え／208kcal、塩分0.9g
- きゅうりの辛子マヨネーズサラダ／100kcal、塩分0.4g
- キャベツとにらのみそ汁(P.76)／32kcal、塩分0.7g
- ✚ にんじんご飯(90g)／159kcal、塩分0g

総カロリー 499 kcal　総塩分 2.0g

電子レンジだけで
20 さけのチリソース＋オクラの中国風ソテー

主菜＋副菜
カロリー **311** kcal　塩分 **1.2** g

【材料】1人分

主菜
- さけ…1切れ（75g）→ 3つに切る
- 長ねぎ（白いところ）…½本（75g）→ 1cm幅の斜め切り
- A
  - トマトケチャップ…大さじ2
  - 酒…大さじ1
  - ごま油…小さじ1
  - 一味唐辛子…小さじ¼
  - 万能一番だし（P.6）…大さじ1
  - かたくり粉…小さじ½

副菜
- オクラ…100g
- ごま油…小さじ½
- しょうゆ…3g（小さじ½）

【作り方】

1 さけのチリソースを作る
耐熱ボウルにさけ、長ねぎを入れ、**A**を合わせてかけ、ふんわりとラップをする。電子レンジ600Wで3分加熱し、器に盛る。

2 オクラの下ごしらえ
オクラはガクの周りをくるりとむき取る。大きいものは2つに切る。

3 オクラをレンジ加熱する
耐熱ボウルに**2**を入れ、ごま油としょうゆをかけ、ふんわりとラップをする。電子レンジ600Wで2分加熱する。

献立例
- さけのチリソース／269kcal、塩分0.9g
- オクラの中国風ソテー／42kcal、塩分0.3g
- しいたけとほうれん草のみそ汁(P.77)／30kcal、塩分0.7g
- 胚芽精米ご飯(90g)／150kcal、塩分0g

総カロリー **491 kcal**　総塩分 **1.9g**

電子レンジだけで

21 さわらとキャベツのソテー＋ポテトサラダ

主菜＋副菜
カロリー **307** kcal
塩分 **1.0** g

【材料】1人分

主菜
- さわら…1切れ（100g）
- 塩…0.4g（2本の指で2つまみ）
- こしょう…少々
- サラダ油…小さじ¼
- キャベツ…50g ➡ 4cm長さのせん切り

副菜
- じゃがいも…100g ➡ 皮付きのまま洗う
- たまねぎ…⅛個 ➡ 薄切り
- 塩…0.4g（2本の指で2つまみ）
- こしょう…少々
- 酢…小さじ1
- サラダ油…小さじ⅔

【作り方】

1 さわらに油を塗る

さわらはペーパータオルにはさんで水けを取り、皮に1本切り目を入れ、魚の全面に指で油を塗り、塩、こしょうをふる。耐熱ボウルにキャベツを入れ、上にさわらを置く。

2 電子レンジで加熱する

ふんわりとラップをして電子レンジ600Wで3分加熱し、器に盛る。

3 ポテトサラダを作る

じゃがいもをポリ袋に入れ、電子レンジ600Wで2分加熱する。竹串をさしてみてやわらかくなっていたら、水を注いで軽く冷まし、皮をむいてつぶす。たまねぎに塩、こしょうをふってもみ、酢をかけてほぐす。じゃがいもと合わせ、サラダ油であえる。

POINT! ターンテーブルがない機種は、ポリ袋に入れたじゃがいもを耐熱容器にのせて電子レンジへ

献立例
- さわらとキャベツのソテー / 198kcal、塩分0.6g
- ポテトサラダ / 109kcal、塩分0.4g
- エリンギのみそ汁 (P.77) / 44kcal、塩分0.7g
- ✚ 発芽玄米ご飯 (90g) / 149kcal、塩分0g

総カロリー	総塩分
500 kcal	1.7g

鍋だけで

22 ゆで豚・生野菜添え

主菜
カロリー **328 kcal**　塩分 **1.0 g**

【材料】1人分
- 豚もも肉（しゃぶしゃぶ用）…120g
- 万能一番だし（P.6）…200㎖
- トマト…50g ➡ くし形切り
- きゅうり…50g ➡ 斜め薄切り
- ［マヨネーズ…大さじ1
- 　しょうゆ…3g（小さじ½）］
- キャベツ…50g ➡ せん切り
- にんじん…10g ➡ 細切り
- 長ねぎ…10g ➡ 小口切り
- A［しょうゆ…小さじ1
- 　　こしょう…少々］

【作り方】

1 豚肉をゆでる

鍋にだしを入れて火にかけ、煮立ったら豚肉を加えてゆでる。アクを取り、肉の色が変わったら取り出す。

2 野菜スープを作る

1のゆで汁にキャベツとにんじんを加えてひと煮し、**A**で調味し、長ねぎを加えて火を止め、汁椀によそう。

3 ゆで豚のソースを作る

ゆで豚を器に盛り、トマトときゅうりを添え、マヨネーズをしょうゆでのばしてゆで豚にかける。

献立例
- ゆで豚・生野菜添え／328kcal、塩分1.0g
- 野菜スープ／19kcal、塩分0.9g
- ✚ 十六穀米ご飯（90g）／152kcal、塩分0g

総カロリー	総塩分
499 kcal	1.9 g

鍋だけで

23 ぶりのおろし煮＋大根の皮のサラダ

主菜＋副菜
カロリー **287** kcal
塩分 **1.2** g

【材料】1人分

主菜
- ぶりの刺身…90g
- 春菊…100g ➡ 4cm長さに切る
- 万能一番だし(P.6)…200mℓ
- 大根…70g ➡ すりおろす（皮はとっておく）
- ポン酢しょうゆ…小さじ2

副菜
- 大根の皮 ➡ 斜めせん切り、葉 ➡ 小口切り
  …合わせて50g
- 塩…0.4g（2本の指で2つまみ）
- 酢…小さじ½
- ごま油…小さじ⅕
- こしょう…少々

【作り方】

1 おろし煮を作る

鍋にだしを注ぎ、大根おろしを加えて火にかける。煮立ってきたら、ぶり、春菊を加え、火が通ったら火を止める。器に煮汁と一緒に取り分け、ポン酢しょうゆで食べる。

2 大根の皮、葉をもむ

大根の皮、葉をポリ袋に入れて塩を加え、袋の外から力を入れて両手でこすり合わせるようにもむ。しんなりしたら、酢を加えてさらにもむ。

3 袋の隅を切って汁けを絞る

袋の隅を斜めに2～3mm切り、野菜から出た汁けを絞り出す。器に盛り、ごま油をかけ、こしょうをふる。

献立例
- ぶりのおろし煮 / 271kcal、塩分1.0g
- 大根の皮のサラダ / 16kcal、塩分0.2g
- 豆乳みそ汁 (P.77) / 64kcal、塩分0.6g
- 五穀米ご飯 (90g) / 149kcal、塩分0g

総カロリー **500kcal**　総塩分 **1.8g**

フライパンだけで

24 和風ステーキ＋にらとピーマンのソテー

主菜＋副菜
カロリー **307** kcal
塩分 **1.0** g

【材料】1人分

主菜
- 牛肉（ミニッツステーキ用）…130g
- サラダ油…小さじ½
- 塩…0.2g（2本の指で1つまみ）
- こしょう…少々
- 大根おろし…50g
- 紅たで…少々
- 木の芽…1枚
- 練りわさび…小さじ⅕
- ポン酢しょうゆ…小さじ1

副菜
- にら…50g ➡ 4cm長さに切る
- パプリカ（赤）…30g ➡ 種とへたをとり、細切り
- サラダ油…小さじ¼
- 塩…0.2g（2本の指で1つまみ）
- こしょう…少々

【作り方】

1 ステーキを焼く

フライパンにサラダ油を熱し、牛肉をのせる。塩、こしょうをふり、強火で1分焼く。表面に血がにじんできたら上下を返し、さらに1分焼く。

2 薬味をいかす

1を切って器に盛り、大根おろし、紅たで、木の芽、練りわさびを添え、ポン酢しょうゆをかける。

3 ステーキの旨みをいかす

ステーキを取り出した後のフライパンの油でにら、パプリカを炒め、塩、こしょうする。

献立例
- 和風ステーキ／281kcal、塩分0.8g
- にらとピーマンのソテー／26kcal、塩分0.2g
- とろろ汁(P.78)／42kcal、塩分1.0g
- 白ご飯(90g)／151kcal、塩分0g

総カロリー **500kcal**　総塩分 **2.0g**

フライパンだけで

25 チキンナゲット＋焼き大根

主菜＋副菜
カロリー **214** kcal
塩分 **0.6** g

【材料】1人分

主菜
- 鶏むね肉（皮なし）…120g ➡ 表面に細かい格子状の切り目を入れる
- 強力粉…小さじ1
- サラダ油…小さじ1
- A｜みそ…小さじ1
　｜砂糖…小さじ1
　｜酒…小さじ1
- 粉チーズ…小さじ1
- サラダ菜…1枚（6g）

副菜
- レンジ大根（P.10）…100g

【作り方】

1 鶏肉を焼く

鶏肉を一口大に切ってポリ袋に入れ、強力粉を加え、口を閉じてふってまぶす。フライパンにサラダ油を熱し、鶏肉を並べ、きつね色になるまでふたをして中火で4分焼く。

2 チーズでコクを出す

Aを合わせ、1の鶏肉に点々とかけ、チーズをふって火を止める。器にサラダ菜を敷き、ナゲットを盛る。

3 鶏肉の旨みをいかす

2のフライパンにレンジ大根を入れ、大根にこんがりと焼き色がつくまで中火で焼く。

献立例
- チキンナゲット／196kcal、塩分0.6g
- 焼き大根／18kcal、塩分0g
- かきたま汁(P.78)／107kcal、塩分1.3g
- ✚ にんじんご飯(90g)／159kcal、塩分0g

総カロリー **480 kcal**　総塩分 **1.9g**

フライパンだけで

26 カジキのムニエル＋ゴーヤのみそ炒め

主菜＋副菜
カロリー **273 kcal**　塩分 **1.0g**

【材料】1人分

主菜
- カジキ…1切れ（100g）
- A
  - 小麦粉…小さじ½
  - 塩…0.4g（2本の指で2つまみ）
  - こしょう…少々
- サラダ油…小さじ1
- パセリ…少々 ➡ みじん切り
- レモン…1個 ➡ くし形切り

副菜
- ゴーヤ…100g ➡ 二つに切って種とわたを除き、7mm幅に切る
- B
  - 豚ひき肉…30g
  - みそ…小さじ1
  - 砂糖…小さじ1
- ごま油…小さじ½
- 酒…大さじ1

【作り方】

1 かじきを焼く

ポリ袋にAを入れ、カジキを加え、口を閉じてふってまぶす。フライパンにサラダ油を熱し、カジキを入れ、ふたをして中火で4分焼く。

2 かじきの上下を返す

上下を返してふたを戻し、中火で4分焼く。器に盛り、パセリをふって、レモンを添える。

3 豚肉とゴーヤを炒める

2のフライパンにごま油を熱し、Bとゴーヤを加えて酒をふる。強火で炒め、肉に火が通ったら、火を止める。

献立例
- カジキのムニエル／176kcal、塩分0.6g
- ゴーヤのみそ炒め／97kcal、塩分0.4g
- けんちん汁 (P.78)／71kcal、塩分0.6g
- ✚ 五穀米ご飯 (90g)／149kcal、塩分0g

総カロリー 493 kcal
総塩分 1.6g

フライパンだけで
27 鶏むね肉のレモンペッパー焼き＋ベイクドポテト

主菜＋副菜
カロリー **314** kcal
塩分 **0.7** g

【材料】1人分
鶏むね肉（皮なし）…130g ➡ 1cm幅のそぎ切り
A ┃ レモン汁…大さじ1
　┃ サラダ油…小さじ1
　┃ 塩…0.6g（2本の指で3つまみ）
　┃ レモンの皮（2×3cm）…1枚 ➡ 細切り
　┃ こしょう…好みの量
レンジじゃがいも（P.9）…150g
サラダ油…小さじ½

【作り方】

1 肉、野菜同時調理

ボウルに鶏むね肉とAを入れて味をからめる。フライパンを温め、鶏肉を並べ入れ、脇にサラダ油を流し、じゃがいもを置く。

2 裏返して焼く

中火で4分加熱し、鶏肉の表面の色が白く変わったら、鶏肉もじゃがいもも裏返しさらに中火で4分焼く。

3 調味する

2に1のボウルに残っているAをかけ、味をからませて器に盛る。

献立例
- 鶏むね肉のレモンペッパー焼き＋ベイクドポテト／314kcal、塩分0.7g
- もやしと万能ねぎのすまし汁 (P.79)／21kcal、塩分1.0g
- ✚ 白ご飯 (90g)／151kcal、塩分0g

総カロリー 486kcal
総塩分 1.7g

電子レンジ＋フライパン

28 タラのさつま揚げ＋小松菜とみつばのおひたし

主菜＋副菜
カロリー 272 kcal
塩分 1.2 g

【材料】1人分

主菜
- タラ…80g ➡ 皮を除き、細かく刻む
- 里いも…80g（正味）（皮つきで90g）
- A
  - みそ…小さじ 2/3
  - 砂糖…小さじ1
  - 酒…大さじ1
- 揚げ油…適量
- 芽ねぎ（または長ねぎのせん切り）…5g

副菜
- 小松菜…70g ➡ 5cm長さに切る
- みつば…30g ➡ 3cm長さに切る
- B
  - しょうゆ…小さじ1
  - 削りかつお…小1/2パック（1.5g）

【作り方】

1 里いもをレンジ加熱する

里いもはポリ袋に入れ、電子レンジ600Wで2分加熱する。水にとって冷まし、皮をむく。

2 さつま揚げを作る

ボウルにタラ、1を入れてつぶし、Aを加えて混ぜる。3×5cmのだ円形にまとめる。170℃に熱した揚げ油できつね色になるまで揚げる。器に盛り、芽ねぎを添える。

3 おひたしをつくる

小松菜、みつばを耐熱容器に入れ、ふんわりとラップをし、電子レンジ600Wで2分加熱する。取り出して水を注いで冷まし、ざるに上げる。固く絞ってBであえる。

献立例
- タラのさつま揚げ／248kcal、塩分0.6g
- 小松菜とみつばのおひたし／24kcal、塩分0.6g
- 豚汁 (P.79)／74kcal、塩分0.7g
- 麦ご飯 (90g)／151kcal、塩分0g

総カロリー	総塩分
497kcal	1.9g

電子レンジだけで

29 ポーチドエッグ＋かぶのサラダ

主菜＋副菜

カロリー 149 kcal ｜ 塩分 0.7g

【材料】1人分

主菜
- 卵…1個
- トマトケチャップ…小さじ1
- パセリ（乾燥）…少々

副菜
- かぶ…50g ➡ 薄切り
- きゅうり…40g ➡ 薄切り
- ロースハム…20g ➡ 2等分し、重ねて5㎜幅の細切り
- A
  - 酢…小さじ½
  - ごま油…小さじ1
  - こしょう…少々

【作り方】

1 卵を電子レンジ加熱する

コーヒーカップに水大さじ3を入れ、冷蔵庫から出したての卵を割り落とす。ラップを軽くのせ、電子レンジの中央に置き、600Wで50秒加熱する。

2 白身が固まるまで加熱

扉をあけて様子をみて、白身がゆるく固まっていたら取り出す。固まっていなかったらあと10秒ほど加熱する。スプーンですくって器にのせ、ケチャップをかけてパセリをふる。

3 サラダを作る

袋の外からもむ。しんなりしたら袋のすみを2～3㎜切って、汁を出す。器に入れてAをあえる。

【ジャムヨーグルトの作り方】
- プレーンヨーグルト100gにミックスジャム大さじ1（20g）を混ぜる。

【はちみつ入りハーブティーの作り方】
- 熱湯150mlにハーブティーバッグ1袋を入れ、はちみつ小さじ2を入れる。

献立例
- ポーチドエッグ／82kcal、塩分0.4g
- かぶのサラダ／67kcal、塩分0.3g
- ジャムヨーグルト／113kcal、塩分0.1g
- はちみつ入りハーブティー／43kcal、塩分0g
- ✚ ライ麦パントースト（パン1枚60g、バター4g）／188kcal、塩分0.8g

総カロリー **493kcal**　総塩分 **1.6g**

フライパンだけで

30 豚肉の洋風照り焼き＋キャベツとピーマン炒め

主菜＋副菜
カロリー **283** kcal
塩分 **1.3** g

【材料】1人分

主菜
- 豚もも薄切り肉…100g → 長さを半分に切る
- 強力粉…小さじ1
- サラダ油…小さじ1
- A｜トマトケチャップ…大さじ½
　｜ウスターソース…大さじ½
　｜水…大さじ1

副菜
- キャベツ…50g → 3cm角に切る
- ピーマン…1個 → へたと種を除いてせん切り
- サラダ油…小さじ½
- 酒…適量
- 塩…0.2g（2本の指で1つまみ）
- こしょう…少々

＼POINT!／
調味料は食材に直接かけて、味を逃さない

【作り方】

1 粉は片面まだらづき

豚肉の片面に強力粉をまだらにまぶす。フライパンにサラダ油を熱し、強力粉がついている面を下にして並べる。

2 ソースはスプーンでのせる

中火で4分きつね色になるまで焼き、裏返す。Aを合わせて肉にかけ、味をからませて器に盛る。

3 肉の旨みをいかす

2のフライパンにサラダ油を熱し、キャベツとピーマンを入れて、酒をふって炒め、塩、こしょうで調味する。

献立例
- 豚肉の洋風照り焼き／248kcal、塩分1.1g
- キャベツとピーマン炒め／35kcal、塩分0.2g
- じゃがいもとにんじんのみそ汁(P.79)／65kcal、塩分0.7g
- 白ご飯(90g)／151kcal、塩分0g

総カロリー **499kcal**　総塩分 **2.0g**

旨みが濃い！減塩汁レシピ
献立にプラスしても 1食の塩分2g以下

豆腐とわかめのみそ汁 （献立例 P.13）

【材料】1人分
- 豆腐…20g → 1.5cm角に切る
- カットわかめ（乾燥）…小さじ1 → 水大さじ1でもどし、水きり
- A「万能一番だし（P.6）…120㎖
   └にんたまジャム（P.7）、みそ…各小さじ1

【作り方】
鍋にAを入れ、豆腐、わかめを加えて火にかけ、煮立ったら火を止める。

カロリー 34kcal　塩分 0.7g

春雨スープ （献立例 P.17）

【材料】1人分
- 春雨…20g → 4〜5cm長さに切る
- 万能一番だし（P.6）…120㎖
- A「にんたまジャム（P.7）…小さじ1
   └しょうゆ…4g（小さじ⅔）
- 万能ねぎ…1本分 → 小口切り　こしょう…少々

【作り方】
鍋にだしと春雨を入れ、Aを加えて火にかける。春雨に火が通ったら、万能ねぎを加えて火を止め、こしょうをふる。

カロリー 90kcal　塩分 0.7g

根菜とアスパラのスープ （献立例 P.19）

【材料】1人分
- ミックス根菜煮（P.8）…50g
- グリーンアスパラガス…1本（40g）→ 下3cmは皮をむき、3cm長さに切る
- 万能一番だし（P.6）…120㎖　にんたまジャム（P.7）…小さじ1
- 塩…0.2g（2本の指で1つまみ）

【作り方】
鍋に根菜煮、アスパラガス、だしを入れて火が通るまで煮る。煮立ったらにんたまジャムと塩で調味し、火を止める。

カロリー 44kcal　塩分 0.3g

ブロッコリーのみそ汁 献立例 P.21

【材料】1人分
ブロッコリー…70g ➡ 小房に分ける
万能一番だし（P.6）…120ml
A ┌ にんたまジャム（P.7）…小さじ1
　└ みそ…小さじ1

【作り方】
鍋にだしを入れ、Aとブロッコリーを加えて火にかけ、ブロッコリーに火が通ったら火を止める。

カロリー 42kcal　塩分 0.7g

大根とにんじんのみそ汁 献立例 P.23

【材料】1人分
レンジ大根（P.10）…40g ┐ 食べやすい
レンジにんじん（P.9）…30g ┘ 大きさに切る
万能一番だし（P.6）…120ml
みそ…小さじ1
にんたまジャム（P.7）…小さじ1

【作り方】
鍋に野菜を入れ、だしを注いで火にかける。煮立ったらアクを除いてみそを溶き、にんたまジャムを加え、ひと煮立ちしたら火を止める。

カロリー 37kcal　塩分 0.7g

なすと油揚げのおすまし 献立例 P.25

【材料】1人分
なす…50g ➡ 幅1cmに切る
油揚げ…10g ➡ 4つに切る
万能一番だし（P.6）…120ml
にんたまジャム（P.7）…小さじ1
酒…小さじ1
しょうゆ…3g（小さじ½）

【作り方】
鍋にだし、なす、油揚げを入れ、火にかける。煮立ったらアクを取り、なすに火が通ったらAで調味して火を止める。

カロリー 64kcal　塩分 0.5g

潮汁 献立例 P.31

【材料】1人分
あさり（殻付き）…70g　万能一番だし（P.6）…120g
にんたまジャム（P.7）…小さじ1
万能ねぎ…少々 ➡ 小口切り

【作り方】
鍋にあさりを入れ、だしを注ぎ、火にかける。煮立ったらアクを除き、あさりの殻が開いたらにんたまジャムを加え、ひと煮する。ねぎを加えて火を止める。

カロリー 22kcal　塩分 0.8g

えのきと万能ねぎのみそ汁 献立例 P.33

【材料】1人分
えのきだけ…70g ➡ 石突きを落とし、2cm長さに切ってほぐす
万能ねぎ…½本 ➡ 2cm長さに切る
万能一番だし（P.6）…120ml
みそ、にんたまジャム（P.7）…各小さじ1

【作り方】
鍋にだしを入れ、野菜を加えて火にかける。煮立ったら弱火にして2〜3分煮る。みそを溶き入れ、にんたまジャムを加え、火を止める。

カロリー 35kcal　塩分 0.7g

さやいんげんとたまねぎのスープ 献立例 P.35

【材料】1人分
さやいんげん…50g ➡ 斜め切り
たまねぎ…50g ➡ 薄切り
万能一番だし（P.6）…120ml
A ｢ にんたまジャム（P.7）…小さじ1
　｣ 塩…0.6g（2本の指で3つまみ）　こしょう…少々

【作り方】
鍋にだしを入れ、野菜を加えて火にかける。煮立ったらアクを除いて、ひと煮し、Aを加えて火を止める。

カロリー 37kcal　塩分 0.7g

根菜ミックスのみそ汁 献立例 P.37

【材料】1人分
ミックス根菜煮（P.8）…80g
万能一番だし（P.6）…120ml
みそ…小さじ1
にんたまジャム（P.7）…小さじ1

【作り方】
鍋にだしとミックス根菜煮を入れ、火にかける。煮立ってきたら、みそを溶き入れてひと煮立ちさせ、火を止める。

カロリー 57kcal　塩分 0.4g

焼きトマトスープ 献立例 P.39

【材料】1人分
トマト…100g ➡ へたをとって乱切り
サラダ油…小さじ1
万能一番だし（P.6）…120ml
にんたまジャム（P.7）…小さじ1
塩…0.4g（2本の指で2つまみ）
こしょう…少々

【作り方】
フライパンにサラダ油を熱してトマトを炒め、にんたまジャムを加え、だしを注ぐ。煮立ってきたら塩、こしょうで調味する。

カロリー 58kcal　塩分 0.5g

きゅうりのスープ 献立例 P.41

【材料】1人分
きゅうり…1本（100g）
塩…0.4g（2本の指で2つまみ）
A ┌ ヨーグルト（プレーン）…70g
　├ 万能一番だし（冷やしたもの）（P.6）…70ml
　└ にんたまジャム（P.7）…小さじ1

【作り方】
きゅうりは流水の下で、フォークで皮に縦に浅く縞状に筋をつける。両端を切り落とし、5mm幅の輪切りにし、塩をふる。きゅうりがしんなりしたら、Aを加えて混ぜる。

カロリー 63kcal　塩分 0.3g

豆腐とのりのスープ　献立例 P.45

【材料】1人分
万能一番だし（P.6）…150mℓ
にんたまジャム（P.7）…小さじ1
木綿豆腐…70g ➡ 1cm角に切る
焼きのり（8枚切り）…2枚
塩…0.2g（2本の指で1つまみ）　こしょう…少々

【作り方】
鍋にだしとにんたまジャムを入れ、豆腐を加えて火にかける。豆腐に火が通ったらのりをちぎって入れ、塩、こしょうをふり、火を止める。

カロリー 59kcal　塩分 0.4g

トマトと万能ねぎのスープ　献立例 P.47

【材料】1人分
トマト…70g ➡ へたをとって乱切り
万能ねぎ…30g ➡ 3cm長さに切る
万能一番だし（P.6）…150mℓ
A ┌ にんたまジャム（P.7）…小さじ1
　└ しょうゆ…小さじ1
　┌ かたくり粉…小さじ1
　└ 水…小さじ1

【作り方】
鍋にだしを入れ、野菜とAを加えて火にかける。煮立ってきたらかたくり粉の水溶きでとろみをつけ、火を止める。

カロリー 37kcal　塩分 1.1g

キャベツとにらのみそ汁　献立例 P.49

【材料】1人分
キャベツ…30g ➡ 4cm長さの細切り
にら…30g ➡ 3cm長さに切る
万能一番だし（P.6）…120mℓ
A ┌ にんたまジャム（P.7）…小さじ1
　└ みそ…小さじ1

【作り方】
鍋に野菜を入れ、だしを注いで火にかける。キャベツに火が通ったらAを加え、ひと煮して火を止める。

カロリー 32kcal　塩分 0.7g

しいたけとほうれん草のみそ汁 献立例 P.51

【材料】1人分
生しいたけ…1枚（30g）→ 軸をとり、二つに切って薄切り
ほうれん草…30g → 3cm長さに切る
万能一番だし（P.6）…120ml
A ┌ にんたまジャム（P.7）…小さじ1
　└ みそ…小さじ1

【作り方】
鍋にだしを入れ、野菜を加えて火にかける。野菜に火が通ったらAを加え、ひと煮して火を止める。

カロリー 30kcal　塩分 0.7g

エリンギのみそ汁 献立例 P.53

【材料】1人分
エリンギ…100g → 食べやすい大きさに切る
万能一番だし（P.6）…120ml
A ┌ にんたまジャム（P.7）…小さじ1
　└ みそ…小さじ1

【作り方】
鍋にエリンギとだしを入れ、Aを加えて火にかける。ひと煮立ちしたら火を止める。

カロリー 44kcal　塩分 0.7g

豆乳みそ汁 献立例 P.57

【材料】1人分
豆乳…100ml
A ┌ にんたまジャム（P.7）…小さじ1
　└ みそ…小さじ1

【作り方】
スープカップに豆乳とAを入れ、ラップはせずに電子レンジ600Wで40秒加熱する。

カロリー 64kcal　塩分 0.6g

とろろ汁 献立例 P.59

【材料】1人分
長いも…50g → 皮をむき、1cm厚さの輪切り
A ┌ にんたまジャム（P.7）…小さじ1
　└ しょうゆ…小さじ1
万能一番だし（P.6）…70ml
青のり…少々

【作り方】
ミキサーに長いもとAを入れ、だしを注ぎ、なめらかになるまで回す。器に盛り、青のりを散らす。

カロリー 42kcal　塩分 1.0g

かきたま汁 献立例 P.61

【材料】1人分
万能一番だし（P.6）…150ml
A ┌ にんたまジャム（P.7）…小さじ1
　│ しょうゆ…小さじ1
　└ 酒…小さじ1
かたくり粉、水…各小さじ1
卵…1個（50g）
みつば…2本（4g）→ 2cm長さに切る

【作り方】
鍋にだしと、Aを入れて火にかける。煮立ってきたら、水溶きかたくり粉を加えてとろみをつける。再び煮立ってきたら卵を溶いて流し入れ、半熟状になったらみつばを加えて火を止める。

カロリー 107kcal　塩分 1.3g

けんちん汁 献立例 P.63

【材料】1人分
木綿豆腐…30g → 手でつぶす
ミックス根菜煮（P.8）…70g
万能一番だし（P.6）…120ml
しょうゆ…小さじ1/2　ごま油…小さじ1/4

【作り方】
鍋に豆腐、ミックス根菜煮を入れ、だしを注いで火にかける。煮立ってきたら、しょうゆとごま油で調味して火を止める。

カロリー 71kcal　塩分 0.6g

もやしと万能ねぎのすまし汁 献立例P.65

【材料】1人分
もやし…50g ➡ 3cm長さに切る
万能ねぎ…½本（7g）➡ 小口切り
万能一番だし（P.6）…120㎖
A ┌ にんたまジャム（P.7）…小さじ1
  └ しょうゆ…小さじ1

【作り方】
鍋にだしを入れ、野菜を加えて火にかける。もやしに火が通ったらAを加え、ひと煮して火を止める。

カロリー 21kcal　塩分 1.0g

豚汁 献立例P.67

【材料】1人分
豚もも薄切り肉…1枚（20g）➡ 2cm幅に切る
ミックス根菜煮（P.8）…50g
万能一番だし（P.6）…120㎖
A ┌ にんたまジャム（P.7）…小さじ1
  └ みそ…小さじ1
長ねぎ…5g ➡ 小口切り

【作り方】
鍋に豚肉とミックス根菜煮を入れ、火にかける。煮立ってきたらアクを除き、豚肉に火が通ったらAを加え、ねぎを加えて火を止める。

カロリー 74kcal　塩分 0.7g

じゃがいもとにんじんのみそ汁 献立例P.71

【材料】1人分
レンジじゃがいも（P.9）…50g ┐
レンジにんじん（P.9）…20g ┘ ➡ 乱切り
万能一番だし（P.6）…150㎖
A ┌ にんたまジャム（P.7）…小さじ1
  └ みそ…小さじ1

【作り方】
鍋に野菜とAを入れ、だしを注いで火にかける。煮立ったら弱火にし2～3分煮て、温まったら火を止める。

カロリー 65kcal　塩分 0.7g

村上祥子
むらかみさちこ

料理研究家。管理栄養士。母校、福岡女子大学で栄養指導実習講座を15年担当。治療食の開発で、油控えめでも一人分でも短時間においしく調理できる電子レンジに着目。以来、研鑽を重ね、電子レンジ調理の第一人者となる。糖尿病、生活習慣病予防改善のための栄養バランスのよい、カロリー控えめのレシピ、簡単にできる一人分レシピ、日本型食生活を子どものうちから身につけるための3歳児のミニシェフクラブのテキスト、保育所、幼稚園、小学校の食育出前授業など、あらゆるジャンルに電子レンジテクを活用。日本栄養士会主催の特別保健指導にも、講師として参加する。「ちゃんと食べてちゃんと生きる」をモットーに、日本国内はもとより、ヨーロッパ、アメリカ、中国、タイ、マレーシアなどでも、「食べ力（ぢから）」をつけることへの提案と、実践的食育指導に情熱を注ぐ。自称、空飛ぶ料理研究家。電子レンジ発酵パンの開発者であり、バナナ黒酢の生みの親。食べることで体調がよくなるたまねぎの機能性に着目。たまねぎ氷、にんたまジャムを開発し、注目を集めている。これまでに出版した著書は278冊688万部（2015.1月末日現在）にのぼる。

● 村上祥子のだしポットお問い合わせ先 
iwakiお客様サービスセンター
TEL.03-5627-3870
FAX.03-5627-3854
※受付時間／月～金：9時～17時。祝祭日は除く

好評発売中 **村上祥子シリーズ**

『Philips公式 村上祥子のノンフライヤープラス 500kcal満腹食堂148レシピ』
B5判96頁　1400円（本体）

『Philips公式 村上祥子のノンフライヤープラス 5分からできる焼きたてパン』
B5判96頁　1400円（本体）

『1日2さじ にんたまジャム健康レシピ186』
B5判96頁　1400円（本体）

● Staff
柿崎朋子（スタジオ柿LABO）
横田美子
栄養計算／(株)ムラカミアソシエーツ栄養計算部
スタイリング／中村和子
撮影／斎藤浩（講談社写真部）
デザイン／田中小百合（osuzudesign）
校正／新海幸子

塩分1食2g以下なのにコク旨！「減塩」レシピ

2015年6月25日　第1刷発行
2021年1月22日　第2刷発行

著　者　村上祥子
発行者　鈴木章一
発行所　株式会社講談社
　　　　〒112-8001　東京都文京区音羽2-12-21
　　　　販売　TEL03-5395-3606
　　　　業務　TEL03-5395-3615
編　集　株式会社 講談社エディトリアル
代　表　堺　公江
　　　　〒112-0013　東京都文京区音羽1-17-18　護国寺SIAビル6F
　　　　編集　TEL03-5319-2171
印刷所　半七写真印刷工業株式会社
製本所　大口製本印刷株式会社

定価はカバーに表示してあります。
本書のコピー、スキャン、デジタル化等の無断複製は著作権法上での例外を除き禁じられております。
本書を代行業者等の第三者に依頼してスキャンやデジタル化することはたとえ個人や家庭内の利用でも著作権法違反です。
乱丁本・落丁本は、購入書店名を明記の上、講談社業務あてにお送りください。
送料小社負担にてお取り替えいたします。
なお、この本についてのお問い合わせは、講談社エディトリアルあてにお願いいたします。

©Sachiko Murakami 2015 Printed in Japan
N.D.C.645 79p 26cm ISBN978-4-06-299641-9